Artwork originally created for a collaboration with SHIBUYA TSUTAYA in 2021

Muneyuki Kaneshiro

Ich liebe Fußball.
Und Mangas liebe ich auch. Dieses Werk ist das Produkt meiner Leidenschaften. Ich hoffe, dass es euch gefällt.

Yusuke Nomura

Band 1!
Ich werde mir Mühe geben, damit sowohl Fußballfans als auch diejenigen, die sich nicht mit Fußball auskennen, voll auf ihre Kosten kommen.

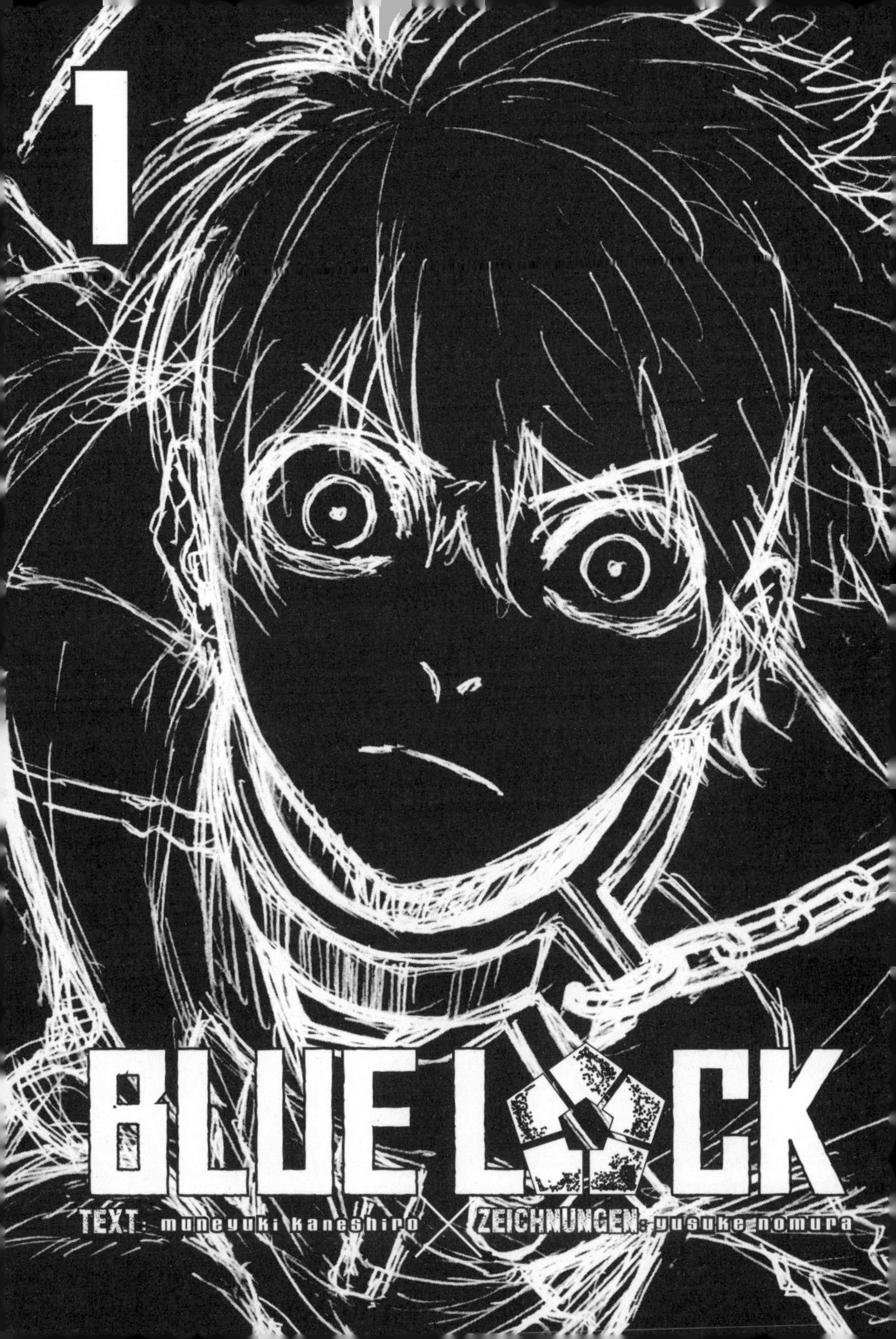
1
BLUE LOCK
TEXT: muneyuki kaneshiro × ZEICHNUNGEN: yusuke nomura

Inhalt

IN DER WELT ...
... DES FUSSBALLS ...
... KANN MAN ZWAR ...
... ERST-KLASSIGE TORHÜTER, VERTEIDIGER ...
... UND MITTELFELD-SPIELER AUSBILDEN, ABER WAS STÜRMER ANGEHT, SIEHT DIE SACHE VÖLLIG ANDERS AUS.
DENN EIN WELTKLASSESTÜRMER IST JEMAND, ...

... DER
IMMER GENAU
DORT AUFTAUCHT,
...

... WO SICH DAS SPIEL ENT-SCHEIDET.

BLUELOCK

Fußball-Weltmeisterschaft 2018.
Die japanische Nationalmannschaft scheidet im Achtelfinale aus.
Kapitel 1: Traum
TJA ...
WIEDER MAL MÜSSEN WIR UNS EINGESTEHEN, DASS JAPAN NICHT ANNÄHERND ZUR WELTSPITZE GEHÖRT.
Neues Mitglied des japanischen Fußballverbandes **Anri Teieri**
WIR MÜSSEN DAS AKZEPTIEREN UND EINEN PLAN ENTWICKELN, UM GESTÄRKT IN DIE NÄCHSTE WM ZU GEHEN.
WAS DENKEN SIE, HERR PRÄSIDENT?

HM?
WIR MACHEN GEWINNE, REICHT DAS NICHT?
LETZTENDICH IST FUSSBALL EIN GESCHÄFT WIE JEDES ANDERE AUCH.
Präsident des japanischen Fußballverbandes **Hirotoshi Buratsuta**
VERPFLICHTEN WIR DOCH ERST MAL EINEN GUTEN AUSLÄNDISCHEN TRAINER ODER ÜBERGANGSWEISE EINEN JAPANI-SCHEN.
LÄUFT ES NICHT, KÖNNEN WIR ALLES AUF IHN SCHIEBEN UND IHN FEUERN.
UND SELBST WENN WIR NICHTS TUN, BRINGT UNS DIE NATIONAL-MANNSCHAFT ALS MARKE WEITER GELD EIN.
…
WAS, WENN DURCH IHRE REFORM DIE PROFITE AUSBLEIBEN?
DIE LEUTE WERDEN DEM STATUS QUO NOCH NACH-TRAUERN.
UIEK
UIEK
UIEK
OH, SIE WERDEN SCHIMP-FEN …
OH, SCHIMP-FEN …
OH, SCHIM …
AH!

* IVAN „IVICA“ OSIM (GEB. 1941), BOSNISCHER FUSSBALLSPIELER UND -TRAINER, WAR VON 2006 BIS 2007 TRAINER DER JAPANISCHEN NATIONALMANNSCHAFT.

** KAZUYOSHI MIURA (GEB. 1967) SCHOSS JAPAN 1998 MIT ZUR WM, WURDE ABER VOM DAMALIGEN TRAINER TAKESHI OKADA (GEB. 1956) AUS DEM ENDGÜLTIGEN KADER GESTRICHEN.

... WIRD JAPAN ...
... NIEMALS WELTMEISTER.
HM?
ANRI, GLAUBEN SIE ...
... ETWA ERNSTHAFT DARAN, ...
... DASS JAPAN DIE WELT-MEISTERSCHAFT GEWINNEN KÖNNTE?!

„WENN WIR UNSERER ART DES FUSSBALLS TREU BLEIBEN, GEWINNEN WIR"?
„DAS JAPANISCHE PASSSPIEL IST WELT-KLASSE"?
PIEP
MIT DER EINSTEL-LUNG SCHAFFEN WIR ES NIE ÜBER DAS ACHTELFINALE HINAUS.
MEINT SIE DAS ERNST?
SIE HAT GROSSE BRÜSTE.
LOSES MUND-WERK, ... ABER GROSSE BRÜSTE.
KRAFT-VOLLE WORTE, ANRI, ABER ...
... HABEN SIE EINEN PLAN?
ECHT GROSSE BRÜSTE.
NATÜRLICH, SIE GIER-SCHLUND.
DAS IST MEIN TRAUM.

ICH WERDE IHN ER-SCHAFFEN.
SEHEN SIE HER!
ER IST DER SCHLÜSSEL. DER COACH, DER DEN JAPANISCHEN FUSSBALL NEU AUFBAUEN WIRD.
EINEN ERLÖSER. EINEN SPIELER, DER DIESES LAND ZUM WELTMEISTERTITEL FÜHREN WIRD!

PA
JINPACHI EGO!
MM

ICHINAN
MATSUKAZE KOKUO
0 - 1
Turnier um die nationale Oberschulmeisterschaft
Finale der Bezirksmeisterschaft Saitama
LAUF, YOICHI! LOS, LOS!
DAS IST UNSERE LETZTE CHANCE!
YOICHI!

TRIKOT SCHWARZ: MATSUKAZE KOKUO
TRIKOT WEISS: ICHINAN
Ichinan-Oberschule
Stürmer – 11. Klasse
YOICHI ISAGI
WENN WIR GEWINNEN, SIND WIR IN DER ENDRUNDE!

ENDRUNDE!
ENDRUNDE!
ENDRUNDE!
ENDRUNDE!
WO LANG ?!
WO LANG ?!
WO LANG?!
WO LANG ?!
FWOSCH
DA LANG!
UNTER-SCHÄTZ MICH NICHT!
HIER LANG, DU TROTTEL!

ICH MUSS SCHIESSEN! ICH MUSS!
EINS-GEGEN-EINS MIT DEM TORHÜTER!
Torhüter Matsukaze-Kokuo-Oberschule
Shohei Ina
END...
...RUNDE!

YOICHI!
PASS, ICH STEH FREI!
?!
ICH MACH IHN REIN, …
… GARANTIERT!
OH!
TADA …
…
ER HAT RECHT.

WENN ICH PASSE, ...
... MACHEN WIR DAS TOR.
WAS MACHST DU DENN, YOICHI?!
WENN WIR NICHT AUSGLEICHEN, IST ES VORBEI!
COACH?!
„EINER FÜR ALLE UND ALLE FÜR EINEEEEN“!
GENAU!
FUSSBALL IST EIN SPORT, ...

... DEN MAN MIT ELF SPIELERN SPIELT.

AH!
TMP
GUT!
DAMIT ZIEHEN WIR GLEI...

KLONG
SHIT!
WAS?!
VER-DAMMT!
KONTER! KONTER!
FWOCK
LAUF DURCH, RYOSUKE!

TMP
Matsukaze-Kokuo-Oberschule
Stürmer – 11. Klasse
RYOSUKE KIRA

WOW!
DO
SCH
PF
0-2
ES IST VORBEI.
WIR HABEN VERLOREN.

Die Matsukaze-Kokuo-Oberschule gewinnt das Bezirksfinale mit 2:0.
Damit nimmt sie an der nationalen Meisterschaft teil.
TUT MIR LEEEID, LEUTE!
HÄTTE ICH DOCH BLOSS GETROF-FEEEN!
ES IST NICHT DEINE SCHULD, TADA.
WÄÄÄÄÄH
...

TSCHK
TSCHK
TSCHK
TSCHK
TSCHK
TSCHK
TSCHK
DIE QUALIFIKATION FÜR DIE ENDRUNDE IST SICHER NUR EINE DURCHGANGSSTATION FÜR SIE.
WAS SAGEN SIE ZU IHRER EINBERUFUNG IN DIE U-18-NATIONALELF?
TSCHK
TSCHK
TJA ...
IM MOMENT ...
... HABE ICH NUR DEN GEWINN DER MEISTERSCHAFT MIT DIESEM TEAM IM BLICK.
松風黒王
ICH BIN NUR SO WEIT GE-KOMMEN, ...
... WEIL ICH EINE GUTE MANNSCHAFT HINTER MIR HABE.
KYAAAH, RYO-SUKE!
ER IST SO EIN TEAM-PLAYER!

KOMMT ZUSAM-MEN!
IHR HABT TOLL GE-KÄMPFT.
ES MAG WEHTUN, ABER MEHR IST MOMENTAN NICHT DRIN.
FÜR DIE ZWÖLFT-KLÄSSLER WAR ES DAS LETZTE SPIEL ...
... UND VIELLEICHT HÖREN EINIGE VON EUCH GANZ MIT FUSSBALL AUF.
ABER SEID STOLZ AUF JEDEN TAG, DEN IHR ALS TEAM ZUSAMMEN GEKÄMPFT HABT.
IM LEBEN EINES JEDEN VON EUCH WIRD DER MOMENT KOMMEN, ...
UH ...
SCHNIEF
UHUH ...
SCHLUCHZ
... IN DEM IHR ERKENNT, DASS DIESE NIEDERLAGE NICHT UMSONST WAR!

...
NICHTS IM LEBEN IST BE-DEUTUNGSLOS!
FÜR MICH IST DER FUSSBALLKLUB DER ICHINAN-OBERSCHULE ...
... DIE BESTE MANN-SCHAFT JAPANS!
NEIN ...

WIR SIND EINE MANNSCHAFT, DIE DIE TEILNAHME AN DER NATIONALEN MEISTERSCHAFT KNAPP VERFEHLT HAT.
UND ICH BIN DER UNBEKANNTE STÜRMER DIESER MANNSCHAFT.
SO SIEHT ES AUS.
TUT MIR LEID, NOA.

SO WIE ES AUS-SIEHT, WIRD AUS MIR WOHL DOCH ...
... KEIN SUPER-STAR SO WIE DU.
Europas Fußballer des Jahres 2018
Noel Noa
31 Jahre
Stürmer der französischen Nationalmannschaft
WEIL MICH DEINE ART ZU SPIELEN FASZI-NIERTE ...
Er nimmt ihn Volley! Ein fantas-tisches Tor!
... UND ICH DICH BEWUN-DERTE, ...
COOL!
... HABE ICH ...

KRASS, ER IST AN FÜNF VORBEIGEGANGEN!
WEITER, YO!
... ALL DIE JAHRE FUSSBALL GESPIELT.
DU BIST ZU GUT FÜR EINEN MITTELSCHÜLER!
TOLLES TOR, YOICHI!
WIR VON DER ICHINAN-OBERSCHULE HABEN DIE NATIONALEN MEISTERSCHAFTEN ZUM ZIEL, UND ZWAR ALLE GEMEINSAM, ALS TEAM!
GLAUBT JA NICHT, DASS IHR IM FUSSBALL ALLEIN GEWINNEN KÖNNT!
EINER FÜR ALLE UND ALLE FÜR EINEN!
ABER MEIN TRAUM WIRD WOHL EIN TRAUM BLEIBEN.
DER IDIOTISCHE TRAUM, EINES TAGES ...
... IN DER NATIONALMANNSCHAFT ZU SPIELEN ...
ISAGI
11

... UND ALS IHR STARSTÜRMER ...
... DIE WELTMEISTERSCHAFT ZU GEWINNEN.
MIT MEINEM MOMENTANEN KÖNNEN ...
... SCHAFFE ICH ES NICHT MAL ZUM PROFI.
IM MOMENT HABE ICH ...
... NUR DEN GEWINN DER MEISTERSCHAFT MIT DIESEM TEAM IM BLICK.
DER TYP WIRD BESTIMMT PROFI.
WIR SIND IM GLEICHEN SCHULJAHR UND DOCH KONNTE ICH DEN UNTERSCHIED ZWISCHEN UNS SPÜREN.

NOCH EIN JAHR BIS ZU MEINEM SCHULABSCHLUSS.
SELBST WENN ICH MIT FUSSBALL WEITERMACHE, WERDE ICH MEINEN TRAUM WOHL AUFGEBEN MÜSSEN.
WENN ICH ...
... IN DER SITUATION NICHT GEPASST, ...
... SONDERN GESCHOSSEN HÄTTE, ...
... HÄTTE ICH VIELLEICHT ...

松風黒王

HÄTTE SICH MEIN SCHICKSAL DANN GEÄNDERT?
WIR HABEN NICHT VERLOREN, WEIL ICH MICH ...
... FÜRS TEAMPLAY ENTSCHIEDEN HABE.
NEIN.
„WAS-WÄRE-WENN" BRINGT IM FUSSBALL NICHTS.
DER TYP REDET MIT SICH SELBST.
WHSP WHSP
DER IST SICHER GEFÄHRLICH.
BESTIMMT EIN PSYCHO.
PSYCHO!
FUSSBALL SPIELT MAN ZU ELFT.
DAS HEISST, ...
... ALLEIN KANN MAN NICHT GEWINNEN.
EINER FÜR ALLE ...
ALLEIN KANN MAN ...

AAAAAH
WEG HIER!
WAH!
SCHRECK

SCHEISSE ...
ICH WOLLTE SO SEHR GE-WINNEN.

* DAS JAPANISCHE WORT FÜR „SCHNITZEL" BEINHALTET AUCH DAS WORT FÜR „GEWINNEN". ANGEBLICH HAT MAN DEN SIEG QUASI IN DER TASCHE, WENN MAN SCHNITZEL ISST.

MAMPF
MAMPF
WAS ?
KRSCH
...
HM? EIN-BERU-FUNG?
WAS STEHT DRIN?
Herrn Yoichi Isagi
Sie wurden für ein spezielles Trainingslager ausgewählt.
EIN SPEZIELLES TRAININGS-LAGER?
DAS IST ...
... DOCH GUT, ODER?
KEINE AHNUNG.
WARUM
...
SCHLUCK
... ICH?

JAPAN FOOTBALL UNION
日本フットボール連合
EHR-LICH GE-SAGT ...
... HATTE ICH KEINEN BLASSEN SCHIMMER, WARUM ICH AUSGEWÄHLT WURDE, ABER ...
JAPAN FOOTBALL UNION 日本
OOOH ...
BITTE FINDEN SIE
BETREFFENDEN DATUM HIER EIN
TREFFPUNKT
DATUM: DIENSTAG, DER X.X. UM 8:00 UHR
ORT: XXXX (ZWEITER STOCK)
ES STEHEN ÜBERHAUPT KEINE DETAILS DRAUF.
BIN ICH HIER RICHTIG?
ICH HOFFE, DAS IST NICHT EINER VON TADAS STREICHEN.
... DER GEDANKE, DASS MICH JEMAND GESCOUTET HATTE, MACHTE MICH GLÜCKLICH.

!
OH? YOICHI ISAGI VON DER ICHINAN?
STIMMT DOCH, ODER?
DICH HABEN SIE ALSO AUCH EINGELADEN. DACHT ICH'S MIR DOCH!
GUTES SPIEL NEULICH.
FUNKEL
WEISST DU NOCH, WER ICH BIN?
ÄH ...
DAS IST RYOSUKE KIRA!
JA.
NATÜRLICH! WIR HABEN GEGEN EUCH VERLOREN.
WAS?!
RYOSUKE KIRA KENNT MICH?!
ICH ERINNERE MICH SEHR GUT AN DICH!
DU HAST EIN TOLLES GESPÜR FÜRS SPIEL!

DU HAST EINE GUTE ÜBERSICHT UND EINEN HOHEN FUSSBALL-IQ.
BEI UNSEREM SPIEL DACHTE ICH, ...
... DASS ICH BESTIMMT WAHNSINNSPÄSSE VON DIR BEKOMMEN WÜRDE, WENN WIR IN EINEM TEAM WÄREN.
D...
DANKE ...
IST NICHT WAHR!
MEINT ER DAS ERNST?
ICH WURDE VON RYOSUKE KIRA GELOBT?!
WOL-LEN WIR?
ICH HAB ÜBRIGENS KEINE AHNUNG, WAS HIER GLEICH PASSIERT.
AUF ANRUFE REAGIE-REN SIE NICHT.
ICH AUCH NICHT.
ICH UNTER-HALTE MICH GANZ NORMAL MIT RYOSUKE KIRA, DEM HOFFNUNGS-TRÄGER DER JAPANISCHEN FUSSBALL-WELT.

UND HEY, KEIN GRUND, SO RESERVIERT ZU SEIN.
WIR SIND IM GLEICHEN SCHUL-JAHR.
LASS UNS GUT MITEINANDER AUSKOMMEN, YOICHI!
ER IST EIN ECHT TOLLER KERL!
OKAY!
MANN!
TALEN-TIERT UND NETT NOCH DAZU.
HIER MÜSSTE ES SEIN.
UIEK
ABER WENN ER MICH DAFÜR LOBT, WIE ICH FUSSBALL SPIELE, …
… BIN ICH IN WAHRHEIT JA VIELLEICHT GAR NICHT SO SCHLECHT?!

WOW! GANZ SCHÖN VIELE.
ICH GLAUB, ICH KENNE EINIGE.
DAS IST OKAWA, DAS ASS VON DER SENNO.
RIESIG ...
EIN HÜNE.
UND DAS IST ISHIKARI, DER GRÖSSTE UNTER DEN OBERSCHÜLERN.
OH! NISHIOKA, DER „MESSI VON AOMORI", IST AUCH HIER.
HM? KANN ES SEIN, ...
... DASS ALLE HIER STÜRMER SIND?

KRRZ
TEST.
EINS.
ZWEI.
HERZLICHEN GLÜCKWUNSCH, IHR ROHDIAMANTEN.
FFT
CK
KLA
DIE HIER ANWESENDEN U-18-STÜRMER WURDEN BASIE-REND AUF MEINER PERSÖNLICHEN, SUBJEKTIVEN BEURTEILUNG AUSGEWÄHLT.
ALLE 300 VON EUCH.

ICH BIN JINPACHI EGO.
MEINE AUFGABE IST ES, EIN TEAM FÜR JAPAN ZUSAMMEN-ZUSTELLEN, DAS WELTMEISTER WERDEN KANN.

MURMEL
MURMEL
MURMEL
WER IST DAS?
KENNST DU DEN?
NEIN.
KEIN STÜCK.
ABER HALT, WAS HAT ER GESAGT?
WELTMEISTER … WERDEN?
ICH SAGE ES OHNE UMSCHWEIFE.
UM DIE WELTWEITE NUMMER EINS ZU WERDEN, BRAUCHT DER JAPANISCHE FUSSBALL NUR EINES: …
BWUNN

DIE GEBURT EINES RE-VOLUTIONÄREN STÜRMERS.
ICH WERDE EINEN VERSUCH STARTEN, …
… DER AUS DEN HIER ANWESENDEN 300 SPIELERN DEN BESTEN STÜRMER DER WELT HERVORBRINGEN WIRD.
?
?
ZU DIESEM ZWECK HABEN WIR DIESE ANLAGE ERRICHTET.
SEHT HER.

BLUE LOCK
BLUELOCK
„BLUE LOCK".

DORT WERDET IHR VON HEUTE AN ZUSAMMEN-LEBEN ...
... UND EUCH EINEM SPEZIELL VON MIR ENTWORFENEN SPITZENTRAINING UNTERZIEHEN.
IHR KÖNNT NICHT NACH HAUSE GEHEN ...
... UND WERDET EUCH VON EUREM BISHERIGEN FUSSBALLER-LEBEN VER-ABSCHIEDEN.
DOCH ICH VERSICHERE EUCH, ...
... WER BLUE LOCK ÜBERSTEHT, ...
... DIE ANDEREN 299 SPIELER VERDRÄNGT ...

… UND ALS LETZTER ÜBRIG BLEIBT, …
… WIRD DER BESTE STÜRMER DER WELT.
DAS WÄRE ALLES.
ICH FREUE MICH AUF EUCH.

PAMM
...
?
WAS ... HAT ER ...
WAS HAT ER GESAGT?
ÄHM, ...
... ENT-SCHUL-DI-GUNG?
ICH BIN MIT IHRER ERKLÄRUNG NICHT EINVERSTAN-DEN.
!
RYOSUKE!

JEDEM VON UNS HIER IST SEINE MANNSCHAFT WICHTIG ...
... UND EINIGE WERDEN AN DER NATIONALEN MEISTERSCHAFT TEILNEHMEN.
ICH MACHE BEI IHREM KOMISCHEN PROJEKT NICHT MIT.
ICH KANN ...
... MEIN TEAM NICHT IM STICH LASSEN.

RICH-TIG!
ICH SPIELE AUCH UM DIE MEISTER-SCHAFT!
UND WARUM SOLLEN WIR ALLE ZUSAMMEN-WOHNEN?
JA! GE-NAU!
WER SIND SIE ÜBER-HAUPT?!
HOLT JEMANDEN, DEN MAN KENNT!
STIMMT SCHON.
UNS HIER ZU VERSAMMELN UND PLÖTZLICH ...
... VOM WELTMEISTERTITEL UND DER NUMMER EINS ZU REDEN ...
KRATZ
KRATZ
IST DOCH KLAR, DASS DAS FÜR UNS KEINEN SINN ERGIBT.
VER-STEHE.
IHR TICKT ALLE NICHT RICHTIG.

EURE TEAMS SIND EUCH WICHTIG?
IHR KÖNNTET DER BESTE STÜRMER DER WELT WERDEN, ...
... WOLLT ABER LIEBER DIE NUMMER EINS DER OBERSCHULEN IN DIESEM FUSS-BALLERISCHEN ENTWICKLUNGSLAND SEIN?
JA?
WER NACH HAUSE WILL, BITTE.
VERPISST EUCH.

?
WENN ICH DARAN DENKE, DASS TYPEN WIE IHR DIE ZUKUNFT JAPANS SCHULTERT, VERLIERE ICH JEDE HOFFNUNG.
?!
HÖRT ZU.
ORGANI-SATORISCH IST DER JAPANISCHE FUSSBALL WELTKLASSE.
DAS LIEGT SOZUSAGEN AN UNSEREN NATIONALEN TUGENDEN.
HÄ?
WAS?
ABER DAVON ABGESEHEN ...
... SIND WIR ZWEIFELLOS ZWEITKLASSIG.
SAGT MIR: ...
WAS IST FUSSBALL?

EIN SPORT, BEI DEM ELF SPIELER MIT VEREINTEN KRÄFTEN KÄMPFEN?
„EINER FÜR ALLE"?
„MAN SPIELT FÜR SEINE MITSPIELER"?
BLÖDSINN.
MIT SOLCHEN ANSICHTEN WIRD DER FUSSBALL DIESES LANDES AUF EWIG SCHWACH BLEIBEN.
ICH VERRATE EUCH, WORUM ES IM FUSSBALL GEHT: ...
DARUM, WER IN DER LAGE IST, DIE MEISTEN TORE ZU SCHIESSEN.

WER TORE ERZIELT, IST DER GRÖSSTE.
WENN IHR EINEN AUF GUT FREUND MACHEN WOLLT, VERSCHWINDET!
FWIPP
WAS IST MIT DEM?
DAS IST DOCH LÄCHERLICH.
... DAS IST BELEIDIGEND.
NEHMEN SIE DAS BITTE ZURÜCK.

WIR HABEN SPIELER WIE HONDA, ...
... KAGAWA ...
... UND VIELE ANDERE.
WIR SIND MIT EINER NATIONAL-MANNSCHAFT AUFGEWACHSEN, ...
... DIE MIT ELF MANN KÄMPFT UND TEAMPLAY AN DEN TAG LEGT!
DAS SIND UNSERE STARS!
SIE HABEN UNRECHT!
...
HM?
KA-GA-WA?
HONDA?
HMM?

DIE HABEN KEINE WELTMEISTERSCHAFT GEWONNEN, ODER?
DANN SIND SIE DOCH MÜLL.
ICH REDE DAVON, DIE NUMMER EINS DER WELT ZU WERDEN, ...
NGH ...
... ODER NICHT?
NEHMEN WIR ZUM BEISPIEL NOEL NOA.
ER HAT SPIELER WIE MESSI UND CRISTIANO RONALDO HINTER SICH GELASSEN UND DEN BALLON D'OR GEWONNEN.
DER MOMENTAN BESTE STÜRMER DER WELT SAGT FOLGENDES: ...

„ICH FÜHLE MICH BESSER, WENN ICH MIT EINEM HATTRICK 3:4 VERLIERE …"
NOEL NOA
„… ALS 1:0 ZU GEWINNEN UND MEINEM MITSPIELER DAS TOR ZU ÜBERLASSEN."
UND …
… EINER DER BESTEN SPIELER DES 20. JAHRHUNDERTS, ERIC CANTONA, SAGTE: …
„DAS TEAM IST EGAL."
„HAUPT-SACHE, ICH STECHE HERAUS."
ERIC CANTONA

PELÉ, DER GRÖSSTE FUSSBALLER ALLER ZEITEN ...
... UND DREIFACHER WELTMEISTER, SAGTE MAL: ...
„WENN ICH GEFRAGT WERDE, WER DER BESTE STÜRMER, MITTELFELDSPIELER, VERTEIDIGER ODER TORHÜTER IST, ...“
„... LAUTET DIE ANTWORT IMMER: ICH.“
PELÉ
NA?
DAS LETZTE, ODER?!
SIE ALLE SIND REVOLUTIONÄRE STÜRMER!
ABER SIE SIND EBEN DIE BESTEN!
WAS DEM JAPANISCHEN FUSSBALL FEHLT, ...
... IST EIN SOLCH EINMALIGER EGOIST.

NUR DER GRÖSSTE EGOIST ...
... KANN AUCH DER GRÖSSTE ALLER STÜRMER WERDEN.
WAS ER DA SAGT, KANN UNMÖGLICH STIMMEN.
MEIN ZIEL IST ES, ...
... EINEN SOLCHEN SPIELER IN JAPAN HERVORZUBRINGEN.
MIR WURDE IMMER GENAU DAS GEGENTEIL BEIGEBRACHT.

EINEN EINZIGEN HELDEN, ...
... DER TRIUMPHIEREND AUF DEN LEICHEN DER 299 ANDEREN STEHT.
UN-MÖG-LICH.
ICH BIN DOCH NUR EIN UNBE-KANNTER ...
... UND ERFOLGLOSER STÜRMER.
ALSO DANN, MEINE ROHDIAMAN-TEN.
ICH WILL EUCH EINE LETZTE FRAGE STELLEN.

STELLT EUCH VOR, ...
... IHR SEID IM FINALE DER WELT-MEISTERSCHAFT.
IM STADION SIND 80.000 ZUSCHAUER ...
... UND IHR STEHT AUF DEM FELD.

ES STEHT 0:0.
DIE NACH-SPIELZEIT LÄUFT.
45
0 - 0
JAPAN
GERMANY
ES IST DER LETZTE ANGRIFF.
NACH EINEM PASS VON EINEM MITSPIELER SEID IHR DURCH …

ISAG
…
UND LÄUFT UNBEDRÄNGT AUF DEN TORHÜTER ZU.

strolly
SECHS METER ZU EURER RECHTEN IST EIN MIT-SPIELER
WENN IHR ZU IHM PASST, IST DAS TOR SO GUT WIE SICHER
MIT DER HOFFNUNG DER GANZEN NATION AUF DEN SCHULTERN …
… UND DEM SIEG VOR AUGEN …

...
SCHIESST IHR OHNE ZU ZÖGERN.

WENN IHR ...
... EIN SO VER-RÜCKTER EGOIST SEID, DANN, UND NUR DANN, ...

... GEHT DURCH DIESES TOR.

ZITTER
ZITTER
ZITTER
LASST ES MICH ...
... NOCH MAL ANDERS AUS-DRÜCKEN.

FUSSBALL IST EIN SPORT FÜR EUCH STÜRMER.
BETRACHTET ALLE ANDEREN AUF DEM FELD ALS NEBENDARSTELLER.
HIER STEHE ICH UND ZITTERE UNWILLKÜRLICH.
WERFT ALLES, WAS IHR ZU WISSEN GLAUBT, ÜBER BORD.
AUF DEM FELD …
… SPIELT IHR DIE HAUPTROLLE.
DENN MIR WURDE DAS …
…
… NIE SO BEIGEBRACHT.

MACHT DAS TORE-SCHIESSEN ZU EURER GRÖSSTEN FREUDE ...
... UND LEBT NUR FÜR DIESEN EINEN MOMENT.
DIESER MANN ...
DAS MACHT ...
... EINEN STÜRMER DOCH AUS, ODER?
... HÄLT MEIN SCHICKSAL IN DER HAND.

ICH BIN EIN STÜRMER.
HIGH School
ICHINAN

SCHEISSE!
ICH BIN DABEI, VERDAMMT!
YOICHI?
ICH GEHE AUCH!
ICH AUCH!
ICH AUCH!
JEMAND HAT MAL GESAGT: ...

IN DER WELT DES FUSSBALLS IST ES MÖGLICH, ...
... ERSTKLASSIGE TORHÜTER, VERTEIDIGER ...
... UND MITTELFELDSPIELER AUSZUBILDEN.
NUR FÜR STÜRMER GILT DAS NICHT.
DENN EIN WELTKLASSE-STÜRMER IST JEMAND, ...

... DER IMMER ...
... GENAU DORT AUF-TAUCHT, ...

... WO
SICH DAS SPIEL ENTSCHEIDET.

KLONG
BOO...
ALSO NEHMEN ALLE TEIL, ...
... WAS?
DAMIT GIBT ES KEIN ZURÜCK MEHR.
VON NUN AN WERDE ICH JEDE IHRER ANWEISUNGEN BEFOLGEN.

DIE ZUKUNFT DES JAPANISCHEN FUSSBALLS UND DIESER 300 JUNGS ...
... LIEGT IN IHRER HAND, HERR EGO.
VERMUTLICH ...
... WERDEN WIR DAS LEBEN VON 299 DURCHEINANDER WIRBELN.
DOCH DAFÜR WIRD EIN EINZELNER STÜRMER GEBOREN WERDEN.
DAS IST „BLUE LOCK“.
JA. ...
WOLLEN WIR IHN DANN EINWEIHEN, ...
... ANRI?

DER HEISSESTE ORT DER WELT, ...
... WENN ES UM FUSS-BALL GEHT.

BLUE LOCK
„DAMIT JAPAN WELTMEISTER WIRD, …"
„… WERDEN WIR DEN BESTEN STÜRMER DER WELT FORMEN."
Einverständniserklärung
Name YOICHI ISAGI
FÜR DIESES PROJEKT …
… WURDEN 300 OBERSCHULSTÜRMER VERSAMMELT.
Kapitel 2: Einzug ins „Wohnheim"
UNS WURDE NUR GESAGT, DASS WIR ZU EINEM WOHNHEIM FAHREN.
WIR WURDEN IN EINEN BUS GESETZT, …
… FUHREN DURCH DIE BERGE …
!

BLUE LOCK
BLUELOCK
... UND DANN WAREN WIR DORT.

DAS IST ALSO ...
... BLUE LOCK!
DER ORT, DER MEIN LEBEN ALS FUSSBALLER VERÄNDERN WIRD.
BLUE LOCK

ALS WIR AUS DEM BUS STIEGEN, WURDEN SACHEN WIE HANDYS UND BRIEFTASCHEN EINGEZOGEN.
DER NÄCHS-TE. YOICHI ISAGI.
DANN WURDE JEDEM EINE UNIFORM AUSGEHÄNDIGT.
!
299
Z
299 ... Z ...
WAS SOLL DIESE NUMMER BEDEUTEN?

SO, JEDER GEHT JETZT BITTE IN DEN RAUM, DESSEN BUCHSTABE ZU SEINER UNIFORM PASST.
ZIEHT EUCH UM UND HALTET EUCH BEREIT.
ICH BEGAB MICH WIE GEHEISSEN IN DIE AN-LAGE …
… UND MARSCHIERTE DURCH DIE LABYRINTH-ARTIGEN BETONGÄNGE.
299 Z … Z ALSO.
AH.
ROOM Z
HIER IST ES.
JETZT GEHT'S LOS.
VRRRN
BLUE LOCK.

OHNE HANDY KANN ICH DEN MÄDELS NICHT SCHREIBEN.
EIN GRUPPENRAUM?
YOICHI!
GOTT SEI DANK!
EIN VERTRAUTES GESICHT IN DIESEM RAUM!
RYOSUKE.
HAHA, ICH BIN AUCH ERLEICHTERT.
FLAPP
OH!
SORRY!
URGH!
?

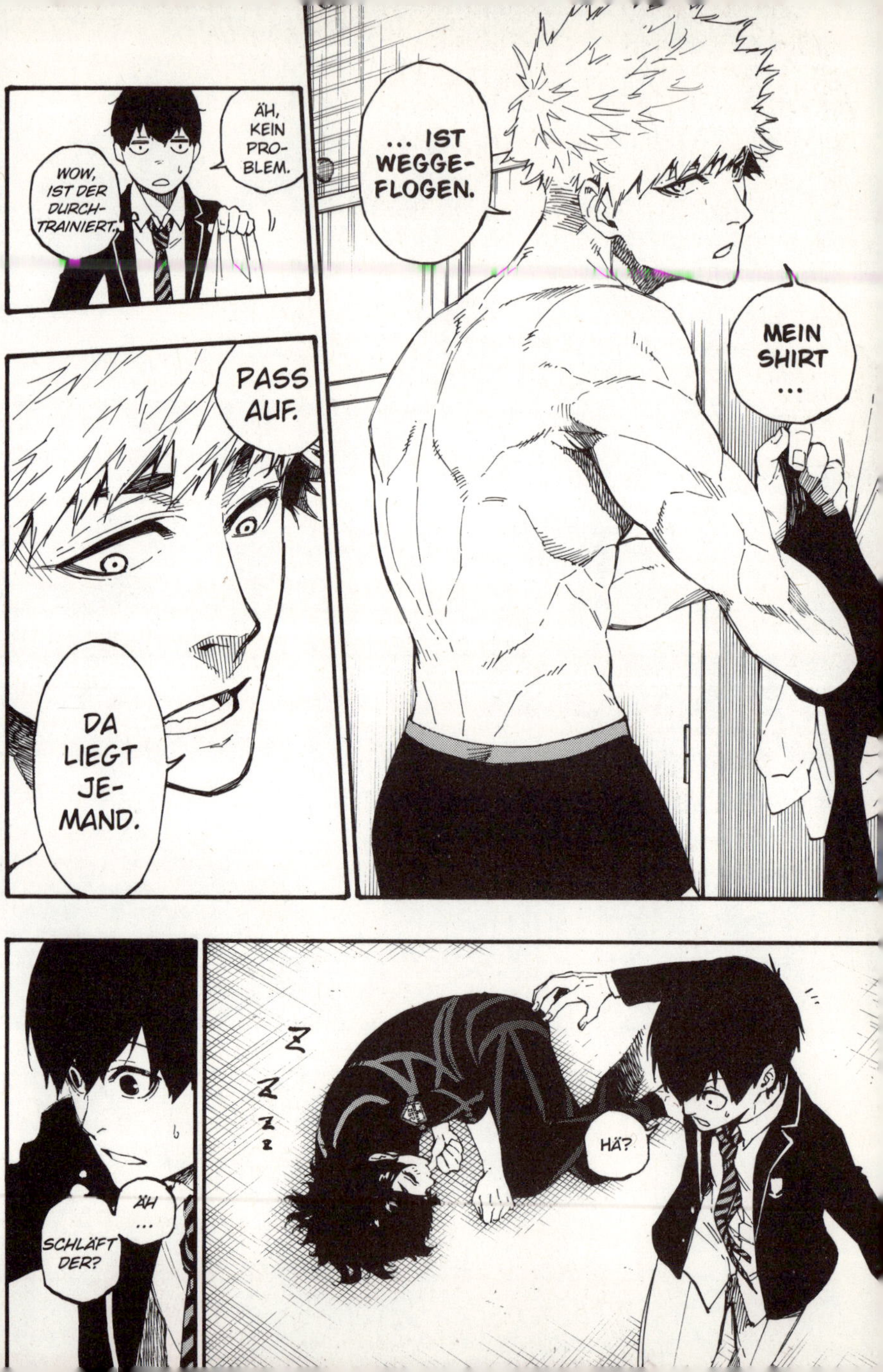
MEIN SHIRT ...
... IST WEGGE-FLOGEN.
ÄH, KEIN PRO-BLEM.
WOW, IST DER DURCH-TRAINIERT.
PASS AUF.
DA LIEGT JE-MAND.
Z Z Z Z
HÄ?
ÄH ...
SCHLÄFT DER?

HEY, ...
... ZICO ... PASS ...
PASS ZU MIR, ZICO ...
WAS IST DENN MIT DEM?
WOVON TRÄUMT DER?
BIST DU DIESER RYOSUKE KIRA?
!
DAS JUWEL DES JAPANISCHEN FUSSBALLS?! WOW, IST MIR EINE EHRE!
D...
DANKE ...
IST DIESER YOICHI EIN FREUND VON DIR?
ICH HEISSE GURIMU IGARASHI!
FREUT MICH!
Stürmer – 12. Klasse
GURIMU IGARASHI
ÄH, HAL-LO.
VERBEUG
ICH BIN ...
... IN EINEM TEMPEL AUFGE-WACH-SEN.

VON GEBURT AN STAND FEST, DASS ICH DEN TEMPEL IRGENDWANN FORTFÜHREN SOLL, …
… ABER ICH HASSE SO EIN DURCHGEPLANTES LEBEN.
DARUM HAB ICH MIT MEINEM VATER AUSGEMACHT, DASS ICH IHN NICHT
MUSS, WENN ICH PROFIFUSSBALLER WERDE!
UND DESHALB HAT MICH DIE REDE VON DIESEM JINPACHI ECHT ANGESTACHELT!
ICH HATTE DAS GEFÜHL, DAS IST DIE CHANCE, MEIN LEBEN ZU ÄNDERN!
GENAU WIE ICH.
WAS AMBITIONEN ANGEHT, NEHM ICH'S MIT JEDEM AUF!
HAND DRAUF!
300
AH, ER IST ALSO NUMMER 300.
DAS GILT AUCH FÜR MICH.

BWUNN
Seid ihr fertig mit umziehen, ihr Roh-diamanten?
!
DA IST ER!
JIN-PACHI EGO!
Hey.
Hey.
GWIPP
GWIPP

ALLE, DIE SICH ZUSAMMEN IN EINEM RAUM BEFINDEN, WERDEN SOWOHL ZIMMER-GENOSSEN ...
... ALS AUCH RIVALEN SEIN, DIE SICH GEGENSEITIG ANSPORNEN.
MURMEL
MURMEL
MURMEL
Eure Leistungen wurden basierend auf meiner persönlichen Beurteilung quantifiziert ...
... und in eine Rangliste eingetragen.
Das ist die Zahl, die auf euren Uniformen angezeigt wird.
?!
So erkennt ihr mit einem Blick eure Platzierung unter den 300 Spielern.
299
PLATZ 299 ...
MIST, DAS IST ZU NIEDRIG!

Eure Platzierung wird sich täglich ändern ...
... und entsprechend eurer Ergebnisse im Training oder in den Spielen steigen oder fallen.
DIE TOP FÜNF WERDEN OHNE WEITERE BEDINGUNGEN ...
... IN SECHS MONATEN AN EINEM TURNIER TEILNEHMEN.
Als Stürmer der U-20-Nationalelf ...
... bei der Weltmeisterschaft.
?!
DIE U-20-NATIONALELF?!
ÜBRIGENS, ...

... wer bei Blue Lock durchfällt, ...
... verliert sein Leben lang das Recht auf Berufung in die National-mannschaft.
Wer hier bestehen will, braucht ein großer „Ego“.
Wir werden jetzt einen Einführungstest durchführen, um diese Qualität zu beurteilen.
* JAPANISCHE NATIONALMANNSCHAFT.
ALSO DANN, ...
... ES IST ZEIT, FANGEN ZU SPIELEN.

KTUNK
Das Zeitlimit beträgt 136 Sekunden.
!
Wer vom Ball getroffen wird, ist der gehörnte „Oni“*.
* BEDEUTET „DÄMON“ AUF JAPANISCH, BEZEICHNET ABER AUCH DEN FÄNGER BEI EINEM SPIEL.
Und derjenige, der nach Ablauf der Zeit Oni ist, …
… kann sich vom Acker machen.
TMP
HÄ?
WAS?
BZZ
Handspiel ist natürlich verboten.

So viel zu den Regeln.
BWUNN
ONI
RANKING 300
IGARASHI
五十嵐
栗夢
02:16
WA…
ZUCK
RANKING 300
IGARASHI
GU RIM
栗夢
AUCH DIE PROFIS MACHEN SICH MIT DIESEM SPIEL WARM.
ICH HABE DIESEN „EGOISMUS-TEST" ENTWORFEN, UM DEM WESEN DER STÜRMER AUF DEN GRUND ZU GEHEN.

MACHT EUCH BEREIT UND KÄMPFT.
DAS IST KEIN GE-WÖHNLICHES FANGSPIEL.
02:15
PIEP
WAS ZUR HÖLLE?!
DAS SOLL EIN EINFÜH-RUNGS-TEST SEIN?!
DAS IST DOCH KEIN FUSSBALL.
AH, SCHEIS-SE!
DIE TÜR GEHT NICHT AUF!
TSCHK
TSCHK
TSCHK
NUMMER 300 …
ICH BIN ALS SCHLECHTESTER ALSO ZUERST DER ONI.
300

LEUTE, …
… KEIN BÖSES BLUT, EGAL, WER RAUSFLIEGT.
DANN MAL LOS.
HEY, WAR-TET MAL.
DAS MIT DER NATIONAL-ELF …
GLAUBT IHR IHM DAS? IST DOCH BESTIMMT EIN BLUFF, ODER?
KEINE AHNUNG.
ABER WAS, WENN NICHT?
ICH MUSS ES TUN.
VERSAGEN BEDEUTET EIN LEBEN ALS MÖNCH …
VERSAGEN BEDEUTET EIN LEBEN ALS MÖNCH …

WER AUS BLUE LOCK RAUS-FLIEGT, ...
... KANN NIE MEHR NATIONAL-SPIELER WERDEN.
WAS SOLL DAS PLÖTZLICH? UND KANN ICH ALS NUMMER 299 ...
... GEGEN DIESE TYPEN GE-WINNEN?
OKAY ...
NEIN, ...
... GRÜBELN BRINGT NICHTS!
ICH HAB KEINE WAHL!
MEINE FUSSBALL-KARRIERE ...
... HÄNGT VON DIESEM SPIEL AB!

ANSTOSS!
RRAAAAGH!
SORRY, YOICHI!
DU ALS 299. BIST MEIN ZIEL!
HEY, BLEIBT WEG VON MIR!
UH ...
NICHT ALLE IN DIE ECKE! VERTEILT EUCH!
WAS ?!
MEINT ER DAS ERNST?

OH HEILIGER BUDDHA!
DOSCH
UOH ?!
PFIUU
AH!
SHIT!
DAS IST SCHWIERIGER ALS ICH DACHTE!
KULLER
KULLER
IST ALSO EGAL, WEN ICH TREFFE!
MANN!
TA TAPP
!
DAS IST LÄCHER-LICH.
SO EIN DUMMES SPIEL HAT DOCH NICHTS MIT SPITZEN-TRAINING ZU TUN.
RYO-SUKE …
ICH MACH HIER NUR MIT, UM JINPACHI ZU ZEIGEN, DASS ER UNRECHT HAT.

UNSERE FUSSBALLKARRIEREN VON EINEM ZWEIMINÜTIGEN FANGSPIEL MIT BALL ABHÄNGIG ZU MACHEN, ...
SCHEIS-SEEEE!
JETZT REICHT'S ABER!
... IST VÖLLIGER SCHWACHSINN!
ICH LASSE MIR VON SO EINEM TYPEN DOCH NICHT MEINE ZUKUNFT ZERSTÖREN!
RYOSUKE MACHT DAS WIRKLICH ZU SCHAFFEN!
ABER DA ICH AN 299. STELLE BIN, ...
... GEHE ICH ERST MAL AUF NUMMER SICHER UND RENNE WEG.
SCHEISSE, ICH TREFF KEINEN, VER-DAMMT!
KOMM HER, BALL!
KULLER
KULLER
ZZZ
KULLER
?!
HAHA, DER DA!
SCHLÄFT DER ETWA NOCH?! LEICHTE BEUTE!

FWOCK
URGH ?!
?!
HEY!
AUTSCH ...
FOUL!
DAS IST EIN FOUL!
IN EINEM RICHTIGEN SPIEL WÄR DAS ROT!
TRÄ GE

MMH ...
NUR HAND-SPIEL IST VER-BOTEN, NICHT?
GUTEN MORGEN.
WAS IST MIT DEM?
HEY.
ICH HASSE SCHMUTZIGE TRICKS.
SPIEL FAIR UND ANSTÄN-DIG.
WER BIST DU? DIE GÖTTIN JUSTITIA ODER WAS?

BAMM
YEAAH, DA WAR DIE LÜCKE! DANKE, BUDDHA!
ONI
RENSUKE 錬介
RANKING 291
KUNIGAMI 國神
BWUNN
PRICK
...
DU MIESER ...
ICH MACH DICH PLATT, GURIMU!

Stürmer
Blue-Lock-Rang 291
RENSUKE KUNIGAMI
FWOOOH
?!
GRAPP
AAH!
WA... ?!
LASS DA...

DOMM
?!
UMPF!
OH.
SORRY, DER WAR NICHT FÜR DICH GEDACHT.
HEI-LIGER BUD-DHA!
DOMP
YOICHI?!
BWUNN
ONI
RANKING 299
YOICHI
ISAGI
潔 世一
KCH
MIST ...

HAH
HAH
HAH
WENN ICH NIEMANDEN TREFFE, IST ES AUS!
DANN IST MEINE FUSSBALL-KARRIERE VORBEI!
NOCH EINE MINUTE
...
ICH WILL NICHT, ...
... DASS ES HIER ENDET!
FWOSCH

UOH ?!
DANE-BEN!
SWUSCH
DAPP
SCHEISS-SE!
WIE ZU ERWARTEN, SIND DIESE SORGFÄLTIG AUSGEWÄHL-TEN SPIELER KÖRPERLICH TOPFIT!
HAH
HAH
SELBST MIT HARTEN SCHÜSSEN TREFFE ICH SIE NICHT.
UND MIT DEM BALL AM FUSS KANN ICH SIE UNMÖGLICH EINHOLEN!
ICH MEIN, ...
... RYOSUKE IST NOCH NICHT MAL AUSSER ATEM!
ICH SOLLTE ALSO DEN INS VISIER NEHMEN, DER SCHLECHTER PLATZIERT IST ALS ICH.
GURIMU!
!

UOOOH! JETZT HEISST ES, EINE MINUTE LANG ...
?!
... UM MEIN LEBEN RENNEE-EN!
SCH
SHIT!
NOCH 50 SE-KUN-DEN!
:50
WIRD MEINE ZUKUNFT WIRKLICH DURCH DIESES FANGSPIEL ENTSCHIEDEN?
WAS WIRD DAMIT ÜBERHAUPT GETESTET?
WAS HAT DAS MIT „EGO" ZU TUN?
MIST!
MEINE BEINE VER-KRAMP-FEN.

10:45
VERDAMMT ...
VERDAMMT!
ICH HAB KAUM NOCH ZEIT!
NEIN ...
ICH DARF NICHT VERLIEREN.
ICH WILL NICHT, DASS ES VORBEI IST!
ICH WILL ...
... WEITER FUSSBALL SPIELEN!
ICH WILL NICHT, ...
... DASS MEIN TRAUM ZU ENDE GEHT!
ICH WILL GEWINNEN ... EGAL WIE!

NYA-HAHA! ♪
GRA
HEY!
WAS SOLL DAS?
?!
RUNTER VON MIR!
HEY!
DAS IST DEINE CHANCE! ♡
SCHAU, DA! GEH ZU DEM!
ICH HAB DOCH GESAGT, ...
GRA

... DU SOLLST ANSTÄNDIG SPIELEN!
SWUSCH
OUI?!
WOMM
UNGH ?!
AU, AU, AU ...
LOS, RUNTER DA!
POCH

WUPP
AH, MIST.
HALT.
AUSZEIT.
POCH
?!
LOS, YOICHI!
SCHIESS IHN AB! JETZT!
...

H... HEY ...
WA... WARTE ...
BLEIB WEG!
ICH SAGTE, BLEIB WEG!
SST
ICH WILL NICHT, DASS ES SO ENDET!
TUT MIR LEID, DASS ICH EBEN AUF DICH GEZIELT HAB!
:29
...
DAS IST MEINE CHANCE.
ICH KANN ÜBERLEBEN, ...!
... WENN ICH IHN ...
... EINFACH NUR TREFFE.

ABER ...
NICHT ...
BITTE ...
NEIN, ICH MUSS ES TUN.
WENN NICHT, ...
... DANN IST SEINE KARRIERE VORBEI.
... DANN BIN ICH DER VERLIERER!
GNN
SO IST DAS BEI BLUE LOCK EBEN.
ICH IDIOT! WARUM ZÖGERE ICH?!
ICH HABE ES JETZT ERST SO RICHTIG VERSTANDEN.

FÜR JEDEN GEWIN-NER ...
... GIBT ES AUCH EINEN VERLIERER.
MIT ANDEREN WORTEN, MEINEN TRAUM ZU ERFÜLLEN ...
... BE-DEU-TET, ...
... DEN TRAUM EINES ANDEREN ...
... ZU ZER-STÖ-REN.

RUCK
?!
...
HM?
DAS IST FALSCH.
15

ICH MUSS DIE BESIEGEN, DIE BESSER SIND ALS ICH.

SONST WIRD SICH NICHTS ÄNDERN!

ONI
RANKING 299
ISAGI 潔
YOICHI 世一
00:13
DU GEFÄLLST MIR.
DU HAST RECHT. ♪
?!
WENN MAN SCHON JEMANDEN ZER-QUETSCHT, ...

HÄ?
DOMm

... DANN DEN STÄRKS-TEN. ♪
Stürmer
Blue-Lock-Rang 290
MEGURU BACHIRA

BWUNN
ONI
RANKING 290
BACHIRA 蜂楽
MEGURU 廻
00:11
10
PIEP
?!
UWAH ?!
19

?!
WHOOOH
ICH ALSO?!
18
RYOSUKE?!
DOSCH
PFIUUU

SWUSH
!?
WAP
?!

16
BLUE LOCK

FWIPP
?!
FSSCH
UIEK
IHM IST DER BALL ABGE-RUTSCHT?!
14
JAWOLL, ER HAT MICH VERFEHLT!

3
YOICHI ...
DEN ...
... STÄRKSTEN.

299

BON!

FWOCK

ONI
RANKING 289
KI RA
吉良
RYOSUKE
涼介
00:02
BWUNG!
...
AH ...
...
DO
TZ
DOTZ
DOTZ
KULLER
KULLER

LOSE
RYOSUKE
吉良
涼介
00:00
YO...
...ICHI?
TROPF
WAS ... MACHST DU DENN?!

HM?
SAG SCHON.
WAS SOLLTE DAS?
NEIN …
TUT MIR LEID …
ICH …
ALSO …
DER BALL …
… KAM SO PLÖTZLICH, …
… DA HABE ICH …
WAS?

BWUNN
VERARSCHST DU MI...
Gute Arbeit, meine Rohdiamanten.
KLATSCH
KLATSCH
KLATSCH
Damit steht das Ergebnis fest.
DER VERLIERER FLIEGT RAUS!
RYOSUKE KIRA!
DU BIST DISQUALIFIZIERT!

DAS IST DOCH EIN WITZ.
ALS OB MAN MIT SOLCHEN METHODEN WELTMEISTER WERDEN KANN.
MIT SOLCHEN SPIELCHEN.
WARUM ...
ICH BIN DOCH DAS JUWEL DES JAPANISCHEN FUSSBALLS!
WOLLEN SIE ETWA SAGEN, GURIMU ODER YOICHI HÄTTEN MEHR TALENT ALS ICH?
ODER?
NA?
WAS ?!
WARUM MUSS DIE ZUKUNFT EINES SO TALENTIERTEN SPIELERS WIE MIR ZERSTÖRT WERDEN?
RYOSUKE?

UND WELCHEN SINN SOLL DIESES FANGSPIEL ÜBERHAUPT HABEN?
WAS SOLL DAS MIT UNSEREM SPORT ZU TUN HABEN?
DAS IST DOCH KEIN FUSSBALL!
...
BEI BLUE LOCK ...
... GIBT ES NICHT EINE SACHE, DIE NICHT MIT FUSSBALL ZUSAMMENHÄNGT.
SIEH DICH GENAU UM, DU ELITÄRER DURCHSCHNITTSMENSCH.
WAS?
Dieser Raum misst genau ...
?
... 16,5 mal 40,32 Meter.
?!

Die exakt gleichen Ausmaße wie ein Strafraum.
40.32m
16.5m
Etwa 75 % aller Tore werden in diesem Bereich erzielt.
Es ist die Wirkungsstätte eines Stürmers.
Mit anderen Worten, hier entscheidet das Stellungsspiel über den gesamten Wert des Stürmers.
Wer auf einem solchen Schlachtfeld nicht überleben kann, …
… hat nicht das Zeug zum Stürmer.

N... NA UND?!
DANN STIMMEN DIE AUSMASSE EBEN!
FANGEN ZU SPIELEN IST TROTZDEM KEIN FUSSBALL!
Von den Gejagten erfordert es ...
... Wahrnehmung und taktische Positionierung.
VOM ONI VERLANGT ES PRÄZISES DRIBBLING ...
... SOWIE DIE FÄHIGKEIT, SEIN ZIEL AUS DER BEWEGUNG HERAUS ZU TREFFEN.
DAS IST AUSGE-ZEICHNETES FUSSBALL-TRAINING.
A... ABER ...
... WAS WISSEN SIE NACH GERADE MAL ZWEI MINUTEN SCHON ÜBER MICH?
EIN SPIEL DAUERT DOCH 90 MINUTEN!

A... ABER ...
... IN DEN LETZTEN ZEHN SEKUNDEN KONNTE ICH DOCH NICHTS MACHEN!
DIE DURCHSCHNITTLICHE ZEIT, DIE EIN SPIELER ÜBER 90 MINUTEN IN BALLBESITZ IST, ...
... BETRÄGT ETWA 136 SEKUNDEN.
DU HAST DIE GLEICHE MENGE AN ZEIT BEKOMMEN UND HAST DEINE CHANCE VERTAN.
WÜRDEST DU DAS AUCH ...
... IN EINEM RICHTIGEN SPIEL SAGEN?
WAS?
DENK MAL NACH.
IN DEM MOMENT, ALS DICH DER BALL TRAF, ...
... WAR NOCH EINE SEKUNDE AUF DER UHR.

HÄTTEST DU GURIMU ABGESCHOSSEN, DER SICH NICHT BEWEGEN KONNTE, HÄTTEST DU ÜBERLEBT.
LETZTER ANGRIFF!
AUTSCH!
DOCH DIE CHANCE HAST DU VERPASST.
DU STANDEST SOZUSAGEN KURZ VOR SCHLUSSPFIFF ...
... IM ÜBERFÜLLTEN STRAFRAUM.
DEIN MITSPIELER HAT GESCHOSSEN, ...
... DAS TOR JEDOCH VERFEHLT.

STATT-DESSEN HAT ER DICH GE-TROFFEN.
IN DEM MOMENT ...
... HAST DU AUFGEGEBEN UND DIE NIEDERLAGE AKZEPTIERT.
DARUM IST DIR NICHT AUF-GEFALLEN, ...
... DASS DER BALL ZUFÄLLIG ...
... GENAU VOR DIR GELAN-DET IST.

HÄTTEST DU DEINEN FUSS NUR EIN WENIG AUSGE-STRECKT, ...

... HÄTTEST DU IHN ERREICHT ...
... UND GEWONNEN.

BEIM FANGSPIEL KANN DER ONI ZUM VERLIERER WERDEN, ...
... WENN ER DEN BALL DIE GANZE ZEIT BEHÄLT.
DOCH ER HAT AUCH DIE CHANCE, ZUM GEWINNER ZU WERDEN, INDEM ER ANDERE DAMIT TRIFFT.
Ein Stürmer schultert diese gesamte Verantwortung ...
... und kämpft bis zur letzten Sekunde.

Yoichi Isagi hat versucht, ...
... anstatt des verletzten Gurimu ...
... Höherplatzierte auszuschalten.
Und Meguru Bachira hat ihm den Ball abgeluchst ...
... und den Stärksten aufs Korn genommen.
DAS HEISST ES, SICH NICHT UM DIE MEINUNG DER MASSE ZU SCHEREN ...
... UND BEHARRLICH DEN EIGENEN ERFOLG IM BLICK ZU HABEN.
UND DAS IST ...
... GENAU DER EGOISMUS EINES STÜRMERS, DEN ICH SUCHE.
Du bist davongelaufen ...

... und hast verloren, ...
... Ryosuke Kira.
Und jetzt verpiss dich!
ABER ...
... NUR WEIL ...
... MEGURU ...
... SO PLÖTZLICH ...
... ANKAM.
NUR WEIL ...
... MEGURU ...
... SO PLÖTZLICH ANKAM!
RYO...
...SUKE ...

STARR
ZUCK
...
DAS HIER IST FALSCH.
ABSOLUT ...
... FALSCH ...
WAS MACH ICH HIER EIGENTLICH?
WARUM HAB ICH GESCHOSSEN?
HABE ICH GERADE ...
... RYOSUKES KARRIERE BEENDET?
UND WARUM ...

... BIN ICH TROTZ-DEM ...
... SO AUFGEREGT?
NEIN, ...
... DAS WAR NICHT MEINE SCHULD, ...
GUCK
... SONDERN SEINE.
BÄH
W... WARUM ...
... HAST DU ZU MIR GEPASST?
HÄTTE ICH NICHT GESCHOS-SEN, ...
... WÄRST DU DOCH RAUS GEWESEN!

KICHER
HM?
ICH DACHTE MIR EBEN, DASS DU SCHIESST.
HAB'S DIR ANGESEHEN.
WAS?
ICH MEIN, DAS ERGEBNIS GEHT HIER ÜBER ALLES, ODER?
ICH HAB AN DICH GEGLAUBT UND GEWONNEN, ... ♪
... ODER NICHT?
DER ... IST DEFINITIV VERRÜCKT!
DAS ...
... IST DOCH ABSURD.
WIRD DAS SO WEITERGEHEN?
ABSURD?

Ja, das ist es.
Schließlich geht es in der Welt des Fußballs um Sieg oder Niederlage.
Die Weltklasse-stürmer, die ihr so kindlich bewundert, ...
... geben jeden Tag alles, ...
... um diesen Wettkampf zu überstehen.
Wie fühlt es sich an, ...
... zum ersten Mal im Leben ...
... mit einem so hohen Einsatz gekämpft zu haben?

SEID IHR GE-SCHOCKT?
BE-GEISTERT?
IHR BE-GREIFT DOCH, ...
... WIE STUMPFSINNIG UND ARMSELIG EUER BISHE-RIGES FUSS-BALLERLEBEN WAR, ODER?
UND ES SCHAUDERT EUCH, NICHT WAHR?
„JAWOLL, ICH HABE ÜBERLEBT!"
DAS IST ES, ...
... WORUM ES BEI BLUE LOCK GEHT.

DAS IST DAS GEFÜHL DES SIEGES.
BRENNT ES EUCH TIEF INS GEDÄCHTNIS EIN.
ZITTER
ZITTER
ZITTER
Jedes Mal, wenn ihr von diesem Gefühl kostet, wächst euer Ego …
… und ihr klettert den Sphären eines Weltklasse-stürmers entgegen.

Glück-
wunsch!
Ihr habt den Einführungstest von Blue Lock bestanden!
IN DIESEM RAUM SIND GENAU ELF SPIELER.
IHR WERDET VON NUN AN ZUSAMMEN-LEBEN.
IHR SEID EINE SCHICK-SALS-GEMEIN-SCHAFT.

JINGO RAICHI
MAL WERDET IHR ZUSAMMENARBEITEN, ...
WATARU KUON
OKUHITO IEMON
YUDAI IMAMURA
... MAL EUCH HINTERGEHEN.
ASAHI NARUHAYA
IHR SEID RIVALEN, DIE SICH EINANDER IHREN TRAUM STREITIG MACHEN.
GIN GAGAMARU
GURIMU IGARASHI
HYOMA CHIGIRI

BLUE LOCKS TEAM Z.
RENSUKE KUNIGAMI
MEGURU BACHIRA
YOICHI ISAGI

BLUELOCK

Kapitel 3: Monster

EURE AUSDAUER IST ERBÄRMLICH!
HA-HAAA! ♪
DAMIT WOLLT IHR WELTKLASSE-STÜRMER WERDEN?!
20 km/h
Dauer: 1:13:49
GEHT LIEBER NACH HAUSE, BEVOR IHR HEULEND GEGEN MICH VERLIERT, IHR LOSER!
Team Z
BL-Rang 294
JINGO RAICHI
HNGH ...
HAH ...
20 km/h
Dauer: 0:42:13
FRESSE!
20 km/h
Dauer: 0:37:20
ÖÖÖRKS!
UNS WURDE NUR GESAGT, DASS WIR EINEN LEISTUNGSTEST MACHEN.
HAH
HAH
DAS GEHT SCHON DIE GANZEN DREI TAGE SO.

EINIGE MEINER MITBEWOHNER KANN ICH NICHT LEIDEN.
!
ALLES OKAY, YOICHI?
BRAUCHST DU WASSER?
URP ...
NIMM DIR NICHT SO ZU HERZEN, WAS ER SAGT.
GEBEN WIR EINFACH ALLE UNSER BESTES.
Team Z
BL-Rang 293
WATARU KUON
ABER ES GIBT AUCH NETTE JUNGS.
BEI ALL DEN EINDRÜCKEN KOMME ICH EHRLICH GESAGT KAUM MIT.
DAN-KE.
EINS, ZWEI ...
Sprungtest

BOOOING
?!
68 cm
61 cm
WOW, SO HOCH?!
DIESER AUCH EINE KRASSE PHYSIS.
HM?
YOICHI, FÜHLST DU DICH HEUTE NICHT GUT?
ÄH, NA JA, HAHA …
ICH SPRINGE SCHON MIT GANZER KRAFT …
MEIN SELBSTVER-TRAUEN LEIDET GANZ SCHÖN …
Ding
Dong
Dang
Dong
AH!
ZEIT ZU FUTTERN.
IN BLUE LOCK IST JEDE MINUTE DURCHGETAKTET.

Essenszeit
1
PI PIEP
TOUCH
YOICHI ISAGI
PIEP
VRRRN
ABGE-SEHEN VON REIS UND MISO-SUPPE ...
URGH, SCHON WIEDER NUR NATTO?
... HÄNGEN DIE BEILAGEN, DIE MAN BEKOMMT, VON DER PLATZIERUNG AB.
* FÜNF

NATTO HÄTTE ICH AUCH GERN.
ICH BEKOMME IMMER EIN-GELEGTEN RETTICH.
KOPF HOCH, GURI-MU.
ER HAT GYOZA.
ECHT? MANN, BIN ICH NEIDISCH.
DIE AUF DEN OBEREN RÄNGEN HABEN'S GUT.
SCHAU.
KAU
KAU
MAMPF
MAMPF
Team Z
BL-Rang 296
GIN GAGAMARU
?!
WARUM BENUTZT DER KERL KEINE STÄBCHEN?
IST VIELLEICHT SO 'NE GLAUBENS-SACHE.
DAS, ODER ER WURDE VON BÄREN GROSS-GEZOGEN.
ICH NEHME MIR EINE. ♪
GRAPP

HEY, KNIRPS.
GIB DIE ZURÜCK.
HAPP
TAPP
SORRY, SCHON VER-DRÜCKT!
Team Z
BL-Rang 297
ASAHI NARUHAYA
GYOZA!
LEEE-CKER!
FWIPP
YOICHI! VER-STECK DEIN ESSEN!
PFF, WIR SIND SICHER.
HEY, WARTE.
RAUM TEAM Z
Schlafenszeit
Z Z Z
CHRRRR

…
CHRRPÜÜH
GEHT LIEBER NACH HAUSE, BEVOR IHR HEULEND GEGEN MICH VERLIERT, IHR LOSER!
HM?
YOICHI, FÜHLST DU DICH HEUTE NICHT GUT?
… HÄTTEN MEHR TALENT ALS ICH?!
OH MANN, …
RUCK
… ICH KANN EINFACH NICHT SCHLAFEN.
SCHWITZ
JETZT IST KEINE ZEIT ZUM AUSRUHEN!
SCHWITZ
WENN ICH NICHTS TUE, FLIEGE ICH GARANTIERT RAUS.
VRRRN
ICH MEIN, ICH BIN NICHT SO SELBSTBEWUSST WIE DIE ANDEREN, …
… MEINE PHYSIS IST SCHLECHTER …
… UND ICH ESSE NICHTS ALS NATTO!

UND ÜBERHAUPT, WARUM HAB ICH IN RICHTUNG RYOSUKE GESCHOSSEN?
ICH VERSTEHE ES SELBST NICHT SO GANZ.
FWOCK
AUF JEDEN FALL HAB ICH KEINE AHNUNG, WAS FÜR KÄMPFE HIER NOCH AUF MICH WARTEN.
ABER ...
... ICH KANN NICHT EINFACH NUR ABWARTEN UND RUMSITZEN.
TRAINIEREN.
TRAINIEREN.
URGH ?!
WHUCK
YOICHI. ♪
EINZELTRAINING?
!
AH ...

MEGURU!
WOLLEN WIR DANN ZUSAMMEN TRAINIEREN?
KLAR.
EINS GEGEN EINS, OKAY? ♪
TEAM Z HALLENTRAININGS-PLATZ

SAG MAL, MEGURU, ...
... KANN ICH DICH WAS FRAGEN, BEVOR WIR ANFANGEN?
HM?
WAS DENN?
BEIM FANGSPIEL ... HAST DU DOCH ZU MIR GE-PASST.
JA.
TAPP
DU SAG-TEST, ...
... DASS DU RYOSUKE ABSCHIESSEN WOLLTEST.
ABER WARUM WOLLTEST DU DAS?
...
HM ...

WEIL ICH ...
... EIN „MONSTER" IN MIR HABE.
WAS ?!
FWOSCH
WAPP
SRRT
SRRT
NUR WENN ICH FUSSBALL SPIELE.
DANN KOMMT ES HERVOR UND SAGT: ...

„MACH IHN REIN."
„TANZ MEHR RUM."
NGH ...
ALS OB ICH DICH VORBEI-LASSE!
DOCH IN JENEM MOMENT ...
... SAGTE DAS MONSTER IN MIR: ...
WAPP
„PASS ZU IHM."
FWIPP
TMP

„YOICHI ...“
WUSCH
„... HAT AUCH EIN MONSTER IN SICH.“

RUCK
ES IST SO WAS WIE INSTINKT.
ICH HÖRE DIESER STIMME AUFMERKSAM ZU, WENN ICH FUSSBALL SPIELE.
DAS IST ALLES.
DIE STIMME DES MONSTERS.
DU KANNST SIE HÖREN, ODER?
...
WOVON REDET DER DA?
ABER ...
... ES FÜHLTE SICH ECHT SO AN, ...
... ALS OB JEMAND ANDERS GESCHOSSEN HÄTTE.
ICH HABE ...
... EIN MONSTER IN MIR?

ICH WILL MEHR ...
... ÜBER DAS MONSTER IN MIR ERFAHREN.
DAS KÖNNTE ...
... DER SCHLÜSSEL ZU MEINEM ÜBERLEBEN BEI BLUE LOCK SEIN.
MESSI, CRISTIANO RONALDO, ... NOEL NOA.
DIE BESTEN HALTEN SICH ALLESAMT EIN MONSTER IN IHREM HERZEN.
DAS ZEUGT DAVON, DASS SIE STÜRMER SIND.
DARAN GLAUBE ICH FEST.

UND DARUM, YOICHI, ...
... BIN ICH FROH, ZU BLUE LOCK GEKOMMEN ZU SEIN.
WEIL ICH DIR BEGEGNET BIN.
ALSO, NOCH EINE RUNDE?
RUCK
WAS STIMMT MIT DIESEM MEGURU NICHT?
ER SPIELT SAUGUT FUSSBALL.
ABER ICH VER-STEH NICHT, WAS ER REDET, ...
... UND SEINE AKTIONEN SIND AUCH SONDER-BAR.
ABER ...
OKAY.
KOMM. ♪

... DIESER KERL ...
... MACHT MIR MUT.
WAPP
SWUSCH

NYAHA! ♪
DAS IST ES!
GENAU DEN BLICK HATTEST DU NEULICH AUCH!
ICH WERDE …
… DAS ÜBERSTEHEN!
Ding Dong Dang Dong ♪
!
Ähem, die Ergebnisse für den dreitätigen Fitnesstest stehen fest.
Kehrt umgehend in eure Räume zurück.
Wir werden die neuen Platzierungen bekanntgeben.

RAUM TEAM Z
AH, YOICHI!
HIER, GUCK MAL! ICH BIN MÄCHTIG AUFGESTIE-GEN!
SIEHST DU? RANG 275!
WAS ?!
IST JA SUPER!
OH, DU AUCH!
SCHAU!
OOOH! 274!
ER IST WIEDER EINEN PLATZ VOR MIR.
ER IST WOHL MEIN RIVALE.
BWUNN
Hallöchen! Gute Arbeit, ...
... meine Roh-diamanten.
Genießt ihr euer Leben in Blue Lock?
JINPACHI EGO!

HÄ ?!
MACHEN SIE WITZE?! GENIESSEN?! ALS OB!
WIE SOLLEN WIR IN EINER SOLCH BESCHISSENEN UMGEBUNG BESSER WERDEN?!
JA, GENAU! ICH WILL ORDENT-LICH ESSEN!
DU HAST DOCH MEINE GYOZA GEFUTTERT.
DIE UMGEBUNG IST SO BESCHISSEN, WEIL IHR STÜMPER-HAFT SPIELT. IST DOCH KLAR, DUMPFBACKE.
WAS?
LASST MICH ...
... EIN WENIG ÜBER BLUE LOCK REDEN.
ZUMM
1
DIESE EIN-RICHTUNG SETZT SICH AUS FÜNF GEBÄUDEN ZUSAMMEN.
VON 25 TEAMS, B BIS Z, ...
... LEBEN JE FÜNF IN EINEM BLOCK ZUSAMMEN.
1 B C D E F
2 G K J
3 L M N O P
4 Q R S T U
5 V W X Y

ÜBRIGENS IST DURCH DAS FANGSPIEL BEREITS EIN SPIELER PRO TEAM AUSGESCHIEDEN.
MOMENTAN VERBLEIBEN NOCH 275 TEILNEHMER IN BLUE LOCK.
x25
300-25=275
SCHAUDER SCHAUDER
SCHAUDER
WAS? ALSO BIN ICH TROTZ AUFSTIEG …
… IMMER NOCH LETZTER. ZU FRÜH GEFREUT.
DIE TEAMS SIND AUCH NACH PLATZIERUNGEN EINGETEILT.
EINS BIS ELF SIND TEAM B, 12 BIS 22 C … IHR VERSTEHT, DENKE ICH?
Euer Team Z …
… gehört zu Gebäude Nummer fünf, …
… dem letztplatzierten unter den Blöcken.
Noch dazu besteht es aus den untersten Rängen, 265 bis 275.
DIE ANDEREN SIND ALLE BESSER ALS ICH UND SELBST DIE …
… GEHÖREN ZU DEN SCHLECHTESTEN?!

ERNST-HAFT?
WERFEN SIE MICH NICHT MIT SOLCHEM ABFALL IN EINEN TOPF.
TSK!
WIE BIT-TE?!
WER IST HIER ABFALL?
KOMMT SCHON, BERUHIGT EUCH.
DIE OBEREN RÄNGE ERHALTEN IN IHREN BLÖCKEN GUTES ESSEN UND GUTES TRAINING.
FÜR DIE TOPSTÜRMER GIBT ES DAS BESTE VOM BESTEN.
WER FUSSBALL SPIELEN KANN, IST HIER KÖNIG.
IHR WOLLT EIN LEBEN IN LUXUS, DANN GEWINNT UND ARBEITET EUCH HOCH.

ICH WERD'S ALLEN ZEIGEN.
LABER-TASCHE.
ALSO DANN, BEGINNEN WIR ...
Blue Lock Erste Auswahl
... MIT DER ERSTEN AUSWAHL.
V W X Y Z
5

* KLUBS DÜRFEN MIT AUSLÄNDISCHEN SPIELERN UNTER 18 JAHREN KEINE PROFIVERTRÄGE ABSCHLIESSEN.

NIEMALS.
HIER STERBE ICH.
JAPAN
SAE ITOSHI
Mittelfeld – 17 Jahre

* DER GRÖSSTE UND PRESTIGETRÄCHTIGSTE WETTBEWERB FÜR EUROPÄISCHE FUßBALL-VEREINSMANNSCHAFTEN.

IN GANZ JAPAN GIBT ES KEINEN STÜRMER, DER MEINE PÄSSE ANNEHMEN KÖNNTE.
ICH BIN EINFACH IM FALSCHEN LAND GEBOREN WORDEN.
KACHACK
ÄH ... DANKE FÜR IHRE ZEIT.
UNHEIMLICHES SELBSTBEWUSSTSEIN.
DANKE AUCH.
SCHÖNE GRÜSSE VON MEINEM MANAGER.
GIBT ES IN JAPAN WIRKLICH NIEMANDEN, ...
... DER EIN GENIE WIE IHN, DAS NUR AN DER WELTSPITZE INTERESSIERT IST, ZUFRIEDENSTELLEN KÖNNTE?
MENSCH, DAS GEHT DOCH NICHT, ...
... SAE!
Manager Jérome Dabadie
DIE MEDIEN WERDEN DICH ZERREISSEN!

DIESES LAND IST MIR EGAL.
ICH BIN NUR HERGEKOMMEN, WEIL MEIN PASS ABGELAUFEN IST.
JA, SCHON, ABER ...
...
HIER SIND ZIEMLICH VIELE LEUTE.
JAPAN FOOTBALL UNION
ACH, ...
... IM VERANSTALTUNGSSAAL FINDET HEUTE ANSCHEINEND EINE PRESSEKONFERENZ STATT.
JAPAN FOOTBALL UNION
BLUE LOCK PROJECT
JAPAN NATIONAL TEAM
Wir haben die 300 besten Oberschüler versammelt ...
TSCHK
TSCHK
TSCHK
TSCHK
TSCHK
TSCHK
... und wollen einen Stürmer heranziehen, der Japan zum Weltmeistertitel führt.

JAPAN FOOTBALL
BLUE LOCK PROJECT
Wir nennen es „Projekt Blue Lock“.
PRÄSIDENT HIROTOSHI BURATSUTA
ANRI TEIERI
JAPAN
DAS IST ZWEIFELLOS EIN INNOVATIVES PROJEKT, ...
... ABER MUSS MAN DAFÜR UNBEDINGT DIE SCHULLAUFBAHN DIESER KINDER RUINIEREN?
GENAU!
ANGENOMMEN, ES BRINGT DEN WELTBESTEN STÜRMER HERVOR, ...
... INWIEFERN SOLL DAS DEN WELTMEISTERTITEL GARANTIEREN?
ES KLINGT, ALS MACHE ES IHNEN NICHTS AUS, FÜR NUR EINEN SPIELER DAS LEBEN VON 299 ANDEREN ZU RUINIEREN.
HATTEN KEINE DER ELTERN IRGENDWELCHE EINWÄNDE?!

RATACK
IHRE LEBEN RUINIEREN?
PANISCH PANISCH
N... NUN JA, WIR RESPEKTIEREN NATÜRLICH DEN WILLEN DER SPIELER ...
... UND DIE ELTERN HABEN EINEN VERTRAG UNTERZEICHNET, DER ...
So ist es!
BAMM
Ein verrücktes Projekt wie dieses ist notwendig, um den japanischen Fußball voranzubringen!
ANRI TEIERI
HIROTOSHI BURATSUTA
HEY, WAS IST DENN MIT DER?
DIE VERRÜCKTEN SEID DOCH IHR.
ANRI?
WOLLEN SIE IHN DENN NICHT ERLEBEN?

DEN MOMENT, ...
... WENN EIN HELD FÜR DIE FUSSBALLWELT JAPANS GEBOREN WIRD?
Also dann, beginnen wir ...
... mit der ersten Auswahl.

V
W
Z
5
X
Y
Erste Auswahl
DIE ERSTE AUSWAHL FÜR EUCH 55 SPIELER IN BLOCK FÜNF …
… FINDET IN FORM EINER LIGA STATT, IN DER ALLE FÜNF TEAMS JE EIN MAL GEGENEINANDER ANTRETEN.
NACH DEM LETZTEN SPIEL …
… QUALIFIZIEREN SICH NUR DIE BEIDEN BESTEN TEAMS FÜR DIE ZWEITE AUSWAHL.
ES IST EIN KAMPF UMS ÜBERLEBEN.
Sieg ➤ 3 Punkte
Unentschieden ➤ 1 Punkt
Niederlage ➤ 0 Punkte

HM?
DAS HEISST, ALLE ELF SPIELER IN TEAM Z SPIELEN IN EINER MANNSCHAFT?
OBWOHL WIR ALLE STÜRMER SIND?
HYOMA CHIGIRI
DANN MÜSSEN WIR ALSO AUCH DIE ANDEREN POSITIONEN AUSFÜLLEN!
DU BIST TORHÜTER!
SIEHST AUCH SO AUS. ♪
YUDAI IMAMURA
HÖR AUF.
ICH KANN DIE BITTEN ANDERER NIE ABLEHNEN.
OKUHITO IEMON
DANN BIN ICH WOHL MITTEL-STÜR-MER.
HÄ?
EHER ICH.
NEIN, ICH.
DU BIST VERTEI-DIGER, GURIMU.
WAAAS ?!
EIN TEAM AUS ELF STÜRMERN.
SO ETWAS IST NORMALERWEISE UNDENKBAR.

Hört zu, im Fußball geht es um Tore.
Eigentlich ist es selbstverständlich, dass alle elf Spieler Angreifer sind.
DF FW GK MF
All die lächerlichen Positionen und Taktiken, die euch eingebläut wurden, …
… sind im Laufe der Evolutionsgeschichte des Fußballs entstanden.
Sie sind nur Krücken. Zu Beginn waren alle Spieler Stürmer.
SPIELT VON DIESEM URSPRUNG AUSGEHEND FUSSBALL.
FANGT IN EUREN KÖPFEN BEI NULL AN.
WIR SOLLEN … BEI NULL ANFANGEN?
In den letzten 25 Jahren …

... hat sich der japanische Fußball vor den Augen der Weltöffentlichkeit mit erstaunlicher Geschwindigkeit weiterentwickelt.
Das lag daran, dass unsere Nation ernsthaft zu träumen wagte.
Die Gründung der J. League 1992.
Die erste Qualifikation für eine WM 1997.
2010
2002
Das erste Mal unter den besten 16 bei der gemeinsam mit Korea veranstalteten WM 2002.
2010 das erneute Überstehen der Gruppenphase, allen Unkenrufen zum Trotz.
UND 2018 HABEN WIR DEN TITELFAVORITEN BELGIEN IN DIE ECKE GEDRÄNGT.

DAS AUSSCHEIDEN WAR WIRKLICH BITTER.
ES WAR FRUSTRIEREND.
DER JAPANISCHE FUSSBALL IST SO STARK GEWORDEN, ...
... DASS ER UNTER FUSSBALLFANS WELTWEIT ANERKENNUNG FINDET.
NOCH EIN SCHRITT UND WIR HÄTTEN AN DER SEITE DER BESTEN DER WELT GESTANDEN.
ANRI TEIERI
ABER UM DIESEN LETZTEN SCHRITT ZU GEHEN, ...
... MUSS DER JAPANISCHE FUSSBALL HIER UND JETZT STERBEN.
MURMEL MURMEL
Unsere Vorgänger träumten von einer WM-Teilnahme ...
... und davon, dass unser Fußball beachtet wird.
Diese Träume wurden erfüllt.
Ihre Rolle in dieser Geschichte ist vorüber.

UND DARUM ...
... IST ES JETZT AN DER ZEIT, ...
... SICH EINEN NEUEN TRAUM ZU SUCHEN!
GLAUBT NICHT AN DAS, WAS IHR BISHER GELERNT HABT.
WERFT ES ÜBER BORD.
HÄMMERT EUCH NEUE KONZEPTE INS GEHIRN EIN.
WAS JAPAN AM DRINGENDSTEN BRAUCHT, UM DIE NUMMER EINS DER WELT ZU WERDEN, ...
... SIND NICHT ELF SPIELER, DIE ZUSAMMEN-ARBEITEN.

Sondern einen ...
Messi.
RONALDO 7
Cristiano Ronaldo.
Neymar.
Durch solche Helden entwickelt sich der Fußball unbegrenzt weiter.
Um sie aufzuhalten, werden Verteidigungssysteme entwickelt.
Um diese zu überwinden, werden wiederum neue Taktiken geboren.
... einzigen Helden.

Ein einziger Genie-streich verändert ein Team, ...
... ein Land ...
... und die Welt!
Das macht den Fußball als Sport aus!
Jetzt beginnt für den japanischen Fußball ...
... ein neuer Abschnitt!
Nicht wir Erwachsenen, die ihre Träume verloren haben, ...
... sondern die 300 noch völlig unbekannten Oberschüler werden die Hauptrolle spielen!

BLUE LOCK PROJECT
JAPAN NATIONAL TEAM
HABT IHR DEN MUT, ...
... DEN NEUEN TRAUM VOM WELTMEIS-TERTITEL ZU TRÄUMEN?
SEID IHR BEREIT, DAFÜR ZU KÄMPFEN?

ALL DAS ...

... STECKT IN BLUE LOCK DRIN!
Damit ist ...
... die Pressekonferenz beendet.
SIE MACHEN WOHL WITZE!
WAS GLAUBEN SIE, WAS JUNGE TALENTE SIND?!
IST DER VERBAND VERRÜCKT GEWORDEN?!
SAE.
WIR MÜSSEN LANGSAM LOS. DER FLUG NACH SPANIEN ...
STORNIEREN SIE IHN.
WAS?

ICH WILL MIT EIGENEN AUGEN SEHEN, ...
... WELCHE ART STÜRMER DIESES LAND HERVORBRINGT.
DERJENIGE, DER ÜBERLEBEN WIRD, ...
... BIN ICH!
Fortsetzung folgt ...

Vorschau
Die erste Auswahl bei Blue Lock
Eine Liga, fünf Teams, jeder gegen jeden
Anpfiff zum ersten Spiel in Block 5:
Team X gegen Team Z!
Yoichi wird als Mittelstürmer aufgestellt. Aber da jeder nur für sich spielt, fällt Team Z auseinander!
ISAGI
BACHIRA
IMAMURA
GAGAMARU
KUNIGAMI
RAICHI
CHIGIRI
Yoichi will die Sache in die Hand nehmen, doch …
ICH MACH DICH KALT.
„Geht verteidigen, ihr kleinen Fische!"
BLUE LOCK 2

BLUE LOCK

BLUE LOCK

BLUE LOCK

First published in Japan in 2018 by Kodansha Ltd., Tokyo.
Publication rights for this German edition arranged through
Kodansha Ltd., Tokyo.

Deutschsprachige Ausgabe / German Edition
© 2022 Crunchyroll SA
CH–1007 Lausanne
2. Auflage

Verlegt unter dem Label KAZÉ MANGA
durch Crunchyroll SA

Aus dem Japanischen von Markus Lange

Redaktion: Katharina Altreuther
Herstellung: Sonja Lesch
Lettering: Paolo Gattone
Druck und Bindung: GGP Media GmbH, Pößneck

ISBN 978-2-88951-457-1